100 DAYS OF DRAWING

EVENTS AND SEASONS

THIS BOOK BELONGS TO

____

DRAW A MARDI GRAS FLOAT

DRAW A CUPID WITH A BOW AND ARROW

DRAW A LEPRECHAUN IN A POT OF GOLD

DRAW A FILLED EASTER BASKET

DRAW A GRADUATION CAP

DRAW A CRUISE VACATION POSTER

DRAW A MOTHER AND DAUGHTER AND DAUGHTER SHOPPING

DRAW A FATHER AND SON FISHING

DRAW A CITYSCAPE WITH FIREWORKS

DRAW A BEACH SCENE

DRAW A SLOTH BACKPACK

DRAW AN AUTUMN WREATH

DRAW A WITCH STIRRING A CAULDRON

DRAW A SNOWY MOUNTAIN

DRAW SANTA STUCK IN A CHIMNEY

DRAW A PIG BIRTHDAY CAKE

DRAW A NEW ORLEANS STREET

DRAW AN OLDER COUPLE LAUGHING

DRAW AN IRISH UNICORN

DRAW CHILDREN HUNTING EGGS

DRAW A FIELD OF FLOWERS

DRAW A SAND DUNE

DRAW AN AMERICAN FLAG BASS FISH

DRAW A HAWAIIAN LUAU

DRAW A MODERN HIGH SCHOOL

DRAW A PETTING ZOO

DRAW A PUMPKIN PATCH

DRAW A SKI LODGE

DRAW AN ELF ON A REINDEER

DRAW NEW YEARS IN NEW YORK

DRAW A BARN BOUNCY HOUSE

DRAW A CLOWN BLOWING UP A

BALLOON

DRAW A TACO FOOD TRUCK

DRAW A HEARTBROKEN WOMAN

DRAW A VALENTINE'S DAY CARD

DRAW AN IRISH CASTLE

DRAW A SPRING BREAK PARTY

DRAW A SUNFLOWER BUS

DRAW A FRATERNITY ROAD TRIP

DRAW A NEWBORN BABY

DRAW A VINTAGE SCHOOLHOUSE

DRAW A HIPPIE TURKEY

DRAW A HAUNTED DOOR

DRAW SANTA ON THE BEACH

DRAW A CHRISTMAS OFFICE PARTY

DRAW AN AVALANCHE

DRAW A CHINESE NEW YEARS POSTER

DRAW A SKI LIFT

DRAW A POLAR BEAR LUNCHBOX

DRAW A MARDI GRAS POSTER

DRAW A KOALA VALENTINE CAKE

DRAW AN APRIL FOOLS PRANK

DRAW A MAYPOLE

DRAW A CRUISE SHIP INTERIOR

DRAW A MILITARY ARMY

DRAW A REDESIGNED AMERICAN FLAG

DRAW A ZEBRA HOT AIR BALLOON

DRAW A SUMMER MEMORY

DRAW A MODERN FARM

DRAW AN ABSTRACT PUMPKIN

DRAW A THANKSGIVING MEAL IN SPACE

DRAW A HIP HOP SANTA

DRAW A GYPSY REINDEER

DRAW A HIPSTER ELF

DRAW A CHRISTMAS MEMORY

DRAW A CHILD HOLDING A SPARKLER

DRAW A PENGUIN BIRTHDAY PARTY

DRAW A FUNNEL CAKE

DRAW A FLORAL FERRIS WHEEL

DRAW AN STEAMPUNK HEART

DRAW A VALENTINE MEMORY

DRAW A STRAWBERRY MOUNTAIN

DRAW AN ABSTRACT FIELD OF FLOWERS

DRAW A GEOMETRIC WHALE

DRAW A PIXELATED ROSE

DRAW AN UPSIDE DOWN MOOSE

DRAW A LOVING MONSTER

DRAW A DAY OF THE DEAD FLAMINGO

DRAW A BEACH THEME CHRISTMAS TREE

DRAW A FROZEN WATERFALL

DRAW A TIGER ICE SCULPTURE

DRAW A NINJA CUPID

DRAW AN IRISH BIRTHDAY CAKE

DRAW A CUCUMBER GARDEN

DRAW A PALM TREE FARM

DRAW AN ALLIGATOR GOLFING

DRAW A FUTURISTIC CLASSROOM

DRAW AN AUTUMN MEMORY

DRAW A ZOMBIE UNICORN

DRAW A BEAUTIFUL CEMETERY

DRAW A HALLOWEEN MEMORY

DRAW A GOTH SLOTH

DRAW A PANDA BEAR SNOWFLAKE

DRAW A GEOMETRIC ELF

DRAW A COWBOY SANTA

DRAW A HIPPIE CHRISTMAS TREE

DRAW A GOTHIC NUTCRACKER

DRAW A FOUR SEASONS SCENE

DRAW A FOUR HOLIDAY SCENE

DRAW A FOUR EVENT SCENE